L'ULTIMATUM

DE LA PHILOSOPHIE

ET DE LA RELIGION,

SUR LE MARIAGE DES PRÊTRES.

Prix 5 sols.

A PARIS;

Chez les Marchands de Nouveautés.

1793.

L'ULTIMATUM

DE LA PHILOSOPHIE ET DE LA RELIGION,

SUR LE MARIAGE DES PRÊTRES.

LES Préjugés sont détruits, les grands principes sont manifestés, la Révolution est faite, et il est tems de déclarer à tous les Prêtres, qu'il faut absolument qu'ils soient bons Citoyens, qu'ils cessent de former un corps séparé dans la République, qu'ils renoncent à un célibat qui est encore une distinction, et qu'ils montrent par de prompts Mariages, qu'ils croient enfin véritablement, que tout a été nivellé sous le vaste Cylindre de la Liberté et de l'Egalité.

Dans des tems d'ignorance et de fanatisme, de stupides Casuistes, représentèrent le mouvement invincible qui nous porte vers l'union conjugale, comme une imperfection dans tous les hommes en général, et comme un crime, dans les ecclésiastiques en particulier; mais aujourd'hui la Philosophie a dissipé l'illusion, et

A

elle enseigne que tout être doit se reproduire, et que la nature en fait à l'homme un précepte sacré, puisqu'elle lui en donne la puissance, et qu'elle lui en inspire la volonté.

Si le célibat n'étoit pas un crime et le Mariage une vertu, qu'on me dise pourquoi la vue d'une femme porte une joie si douce et si ravissante dans l'ame de l'homme qui veut se marier ; tandis qu'elle jette l'allarme et le désespoir dans celle du célibataire fanatique ? Paul et Virginie vivent comme des Anges dans leurs isles ; mais Origène se mutile dans Alexandrie, et Jérôme hurle comme une bête féroce dans les déserts de la Palestine. Ces exemples prouvent qu'on est malheureux et coupable quand on résiste à la nature, et que l'innocence et la paix, ne sont que pour ceux qui savent lui obéir.

Ils pensèrent comme nous, ces sublimes Législateurs de l'Antiquité, qui, presque tous, commandèrent le Mariage et censurèrent le célibat ! Tout le monde sait qu'à Rome comme aujourd'hui en France, il y avoit des honneurs et des récompenses pour les pères de familles, et des taxes flétrissantes pour les célibataires. Ils firent plus, car ils établirent des fêtes publiques, dans lesquelles on révéroit les organes que la nature a destinés à la génération ;

les préjugés de nos mœurs et de notre éducation, sont si forts qu'il seroit peut-être impos-
sible d'en établir de semblables parmi nous ;
mais cela ne nous empêchera jamais de penser
et de dire qu'aux yeux de la raison ces fêtes
et les objets qu'on y révéroit, valoient bien
ces ridicules Processions dans lesquelles nous
portons en triomphe, les vieilles Reliques de
nos Saints. La plus belle fête doit être celle qui
consacre la plus grande des merveilles de la
nature, et il n'y en a point de plus absurdes,
que celles qui sont destinées à perpétuer la superstition.

Celles de nos pères étoient si grandes qu'ils ne
virent jamais les inconvéniens du célibat des
Prêtres, pour la société qu'il privoit de ses
membres les plus nécessaires. En France, par
exemple, le nombre des Prêtres étoit au moins
de cinquante mille, tous élevés et instruits à
grands frais ; tous sains et bien constitués ;
car l'Eglise n'en vouloit pas de difformes ni
d'infirmes ; ces cinquante mille Prêtres auroient fournis autant de familles, et au moins
deux cent mille enfans, dans lesquels la République auroit trouvé des soldats contre les
ennemis du dehors, et des Philosophes contre
les fanatiques de l'intérieur.

Le Christianisme est sans doute une Religion raisonnable ; mais il faut avouer qu'on en a bien abusé , puisqu'il a servi de prétexte à ceux qui donnèrent pour conducteurs des peuples , des êtres qui , dans leur folie fanatique , ne connoissoient rien de Saint et de Sacré , qu'un célibat destructeur de toute société humaine.

Pour nous , éclaircis sur l'intérêt social par le flambeau de la Philosophie , nous ne choisirons pour Pasteurs , pour Curés , pour Pères des Paroisses , que des Prêtres citoyens et mariés , qui donneront à leurs frères le bon exemple de l'union conjugale , de l'éducation des enfans , du patriotisme , et de toutes les vertus sociales.

Jusqu'ici je n'ai parlé du célibat des Prêtres qu'en le supposant bien observé ; que seroit-ce si retournant le tableau , je faisois voir les scandales et les crimes publics et particuliers de ceux qui l'ayant voué , ne l'observoient pas ? Riches Abbés , Moines voluptueux , Evêques libertins ; que de victimes immolés à votre débauche , que de familles déshonorées , que d'époux furieux , que de parens désespérés ? Un Prophête disoit , percez la muraille , et vous verez l'abomination dans le lieu Saint , et moi je vous dis la même chose , vous qui vous scandalisez d'un Prêtre marié ? oui , si vous eussiez ouvert les cloîtres de l'un et de l'autre sexe et péné-

(7)

tré dans les retraites des palais épiscopaux ;
des sérails dignes de Sardanapale , ou des crimes
aussi grands que ceux de Sodôme , se se-
roient présentés de toutes parts à vos yeux
épouvantés !

Ici un argument simple et lumineux s'offre
à ma raison , et elle dit , le célibat bien observé, rend les hommes qui l'ont voué infini-
ment malheureux , et prive la société qui le
souffre d'un grand nombre de bons citoyens :
mal observé, il détruit les mœurs , trouble le
repos des familles et scandalise les peuples.
Donc il est un mal social , donc la volonté gé-
nérale doit l'empêcher , donc la Convention
nationale de France chargée de manifester cette
volonté , a bien fait de permetre le Mariage
des Prêtres.

Comme l'Eternel a fait la Religion pour la
société , et non la société pour la Religion ; le
vrai Philosophe n'exigera pas qu'après avoir
démontré que le célibat des Prêtres étoit un
mal social ; nous prouvions encore que Dieu
ne l'a pas commandé ; mais tous les Français
ne sont pas Philosophes , et c'est spécialement
pour ceux qui ne le sont pas encore que nous
écrivons.

J'ouvre le plus respectable monument de la
Religion , l'ancien Testament , et dès le cha-

pitre premier de la Genèse, je vois Dieu créant l'homme à son image, et ne lui donnant pas d'autre précepte que celui que la nature a gravé dans son cœur : *croissez, multipliez* et *couvrez la terre*. Dans le chapitre cinq du même livre, l'éloge des premiers Patriaches consiste à dire, qu'ils engendrèrent des fils et des filles, et cet éloge paroît si grand à l'Ecriture sainte, qu'elle le renouvelle en faveur des premiers descendans de Noé, dont elle parle avec prédilection.

Le moment où l'Histoire sacrée devient plus étendue, est aussi celui où on voit que c'est à la multitude des enfans, que Dieu paroît attacher toutes ses complaisances : je vous bénirai, dit-il, successivement à Abraham, Isaac et Jacob, vous serez père d'un grand peuple, vos enfans seront une nation puissante, et votre postérité sera aussi nombreuse que les étoiles du Ciel, et que les grains de sable qui sont sur le bord de la mer.

Moïse étoit marié, Jaïs juge d'Israël avoit trente fils, et le célèbre Gédéon en avoit soixante et douze : preuve certaine que les plus Saints Patriarches, furent toujours ceux qui se distinguèrent par le nombre de leurs enfans. Aussi rien ne désespéroit et ne déshonoroit même les femmes juives, comme une trop longue virginité, ou une stérilité absolue dans le Mariage; on connoît l'Histoire d'Anne, mère de Samuël, et celle de la fille de Jephté, qui avant d'être sacrifiée au fanatisme de son père et à la superstition du grand Prêtre, pleura pendant trois mois, non pas la perte qu'elle devoit faire de la vie, mais le malheur de mourir Vierge et avant d'avoir été mariée.

Salomon veut-il laisser à la postérité un monument des sublimes idées que la sagesse divine lui inspire : c'est l'union conjugale qu'il chante, ce sont ses plaisirs qu'il peint, et le cantique des cantiques communique à tous ses lecteurs, les jouissances sacrées de l'Epoux avec son Epouse. O! le plus sage des hommes, que n'ai-je ton stile de feu, pour persuader à tous mes semblables, que leur réproduction est aussi bien un précepte du Créateur, comme une merveille de la nature, et qu'elle est le seul moyen qu'ils ayent de rassembler à leur Dieu qui est tout amour et fécondité!

Si l'Auteur du nouveau Testament ne s'est point marié lui-même, ce fut sans doute là une de ces actions dans lesquelles il n'eût d'excuse que les destinées ineffables qui l'amenoient au milieu des hommes: une preuve claire et précise qu'il ne commandoit pas le célibat, c'est que sa mère étoit mariée, et qu'il a déclaré dans son Évangile qu'il étoit venu non pour abroger , mais pour confirmer la loi de Moïse , et que le Mariage étoit une union sainte , approuvée par Dieu et qui ne devoit presque jamais être rompue par l'homme.

Les Apôtres étoient mariés pour la plupart , et il est si peu probable , qu'ils se soient tout-à-fait séparés de leurs femmes pour la prédication de l'Evangile , que plusieurs auteurs dignes de foi nous les représentent au contraire , comme vivant en bons pères de familles. Ce qu'il y a de bien sûr c'est que les premiers conciles se tinrent en Judée : sans doute parce que les femmes et les enfans des Apôtres continuant d'y demeurer , ils y revenoient eux-mêmes de tems à autres, et s'y trouvoient toujours en certain nombre.

L'histoire ecclésiastique nous apprend que les premiers Evêques furent choisis par le peuple parmi ceux qu'on savoit les plus honnêtes gens , et que ce furent rarement des célibataires ; ce genre d'hommes étant comme nous l'avons dit , absolument proscrit et méprisé, dans toute l'étendue de l'Empire Romain, qui formoit alors la plus grande partie de l'Eglise catholique.

Ceux qui sont versés, dans la tradition, savent fort bien , que les Prêtres se marièrent

(11)

pendant les dix premiers siècles de l'Eglise , à
l'exemple des Apôtres et de leurs premiers
successeurs. Dans le quinzième siècle même ,
il restoit encore assez de vestiges de cette Sainte
institution , pour qu'on proposât au Concile de
Trente de la remettre en vigueur. Les plus
vieux comme les plus sages le vouloient ; mais
les jeunes Evêques libertins qui formoient la
majorité du concile , comme ils formoient celle
de l'Eglise Gallicane avant la Révolution, s'y
opposèrent , au grand scandale de la Religion
et des bonnes mœurs. L'Église Grecque , qui en
beaucoup de choses a mieux conservé la discipline primitive que la Romaine, a su se ga-
rantir de l'innovation consacrée par le Concile
de Trente , et maintenir ses Prêtres dans l'u-
sage où ils ont toujours été de se marier libre-
ment. Les Eglises Protestantes et Luthériennes
dont les Théolégiens valent bien les nôtres,
ont constament enseigné que le célibat auquel
la cour de Rome et les Evêques vouloient les
contraindre , étoient une des principales causes
de leur prétendue révolte contre l'Eglise , et
peut-être n'attendent-ils que le Mariage des
Prêtres, pour revenir à l'unité Catholique.

Ces raisons me parurent toujours si fortes que
lors même que je vivois sous la verge fanatique des Supérieurs du Séminaire St. Sulpice,

J'osai assez souvent leur en faire des objections; mais ce qui me surprend c'est l'impudeur et l'audace avec lesquels ils me répondoient : à les entendre la chose la plus utile au genre humain , et par conséquent la chose la plus Sainte et la plus Religieuse du monde , le Mariage , étoit une souillure. On me disoit avec une piété hypocrite, ah ! mon fils , voudriez-vous qu'un Prêtre au sortir du lit nuptial , le cœur encore rempli des jouissances terrestres , portât une main impure sur l'agneau sans tache , le Saint des Saints et le Dieu de toute pureté: d'ailleurs , ajoutoit-on , vous serez un jour à la tête des peuples , et obligé à vous en faire respecter , et qu'y a-t-il de plus propre à vous distinguer du vulgaire , que le sceau divin du célibat écclésiastique ?

Aujourd'hui , que mon esprit est éclairé par une Théologie philosophique , mon ame électrisée par la Révolution, et mon courage échauffé par un patriotisme brûlant , je leur répondrois , ce qu'alors j'osois à peine penser ; que le Dieu de l'Eucharistie, n'est ni plus grand ni plus terrible que le Jéhova du Mont-Sinaï qui parloit face à face à Moïse qui avoit pourtant une femme et des enfans, j'ajouterois à cela qu'Aaron , et tous les grands Prêtres Juifs , ses successeurs étoient mariés , et que cela ne les empêcha jamais d'entrer dans ce redoutable sanctuaire de Jerusalem, où la majesté de Dieu résidoit d'une manière visible. Quand à la nécessité d'une distinction entre les Prêtres et les autres hommes ; j'avoue que je n'ai jamais compris, comment les soi-disant disciples d'un Dieu pauvre, de l'humble fils de Joseph et de Marie, et du frère de tous les Sans-Culotes, osèrent jamais en parler ; mais il faut croire qu'il étoit réservé à ces Prêtres superstitieux de l'ancien régime, de déraisonner à leur aise et de ne pas s'apercevoir que le Christianisme n'étoit point une Religion de privilèges et de distinctions ; mais d'Egalité, de fraternité et de Sans-Culotisme.

Habitans des campagnes, que des imposteurs ont voulu tromper comme ils me trompèrent moi-même autrefois, et qui, peut-être, croyez encore comme ils vous l'on dit, que le Mariage d'un Prêtre est défendu par la Religion de J. C. ; demandez-leur si le concubinage des Evêques réfractaires étoit une vertu, et s'il ne vaut pas autant, assister à la messe d'un Prêtre marié, qu'à celle d'un scélérat sortant d'un lieu de débauche ; ou venant de corrompre à prix d'argent la fille ou la femme d'un père de famille respectable, quelquefois même son parent et son ami. S'ils vous parlent de la pratique de l'Eglise et de l'autorité du Pape : répondez har-

diment que cette pratique est nouvelle, que
ce n'est point une affaire de dogme, mais seu-
lement un article de discipline ecclésiastique
qui peut être changé, même par l'autorité ci-
vile de France, comme il est toujours arrivé
des canons contraires au bien de l'état, et no-
tament de ceux de ce même Concile de Trente
dont ils cherchent à se prévaloir, et que Saint-
Pierre qui étoit un bon père de famille, valoit
bien le célibataire égoïste, haineux et cruel qui,
l'Evangile d'une main, et le poignard de l'autre
arme toute l'Europe contre les Français, et fait
lâchement assassiner nos Ambassadeurs.

Prêtres Révolutionnaires qui avez la con-
fiance des peuples qui vous ont choisis, joi-
gnez vos voix à la mienne, sachez que le ser-
ment que vous avez fait de garder le célibat fut
un crime, puisque le Mariage des Prêtres est
le vœu de la nature, de la société, et même de
la Religion que vous professez.

Législateurs Philosophes, graces immortelles
vous soient rendues, pour m'avoir délivré du
joug destructeur et impie, que le fanatisme et
le malheur de ma première éducation m'avoient
imposé! tel on voit le laurier sacré s'environ-
ner d'une foule de rejetons qui croissent sous
son ombre propice, tel vous me verrez un jour
dans votre auguste enceinte, environné d'une

foule d'enfans qui seront aussi les vôtres, puisque sans vous ils n'auroient jamais connu la vie
que la nature et le Créateur leur avoient des-
tinée! portez plus loin vos bienfaits, étendez-
les sur tous ceux qui gémissent encore dans les
préjugés de leur enfance, aidez-les par vos ins-
tructions, et encouragez-les par vos récompenses. Que dans ces premières années du
règne de la Philosophie éclairant la Religion,
le Mariage d'un Prêtre, devienne une fête
civique, une action méritoire envers la Patrie,
et un titre à sa reconnoissance.

Le Républicain ROUSSEVILLE,

Ministre du Culte, au Bourget,
et membre de l'Assemblée révo-
lutionaire, créé par le Peuple,
du Département de Paris.